U0017350

改變世界的
非凡人物

曼德拉

NELSON MANDELA

改變世界的非凡人物系列——

曼德拉

文｜伊莎貝爾·湯瑪斯

圖｜漢娜·瓦倫

譯｜陳凰姬

叢書主編｜周彥彤
美術設計｜蔚藍鯨
特約編輯｜洪 絹

副總編輯｜陳逸華
總 編 輯｜涂豐恩
總 經 理｜陳芝宇
社 長｜羅國俊
發 行 人｜林載爵

聯經出版事業股份有限公司
新北市汐止區大同路一段 369 號 1 樓
(02)86925588 轉 5312
2021 年 1 月初版·2022 年 5 月初版第 2 刷
有著作權·翻印必究 Printed in Taiwan.

行政院新聞局出版事業登記證局版臺業字第 0130 號
本書如有缺頁，破損，倒裝請寄回台北聯經書房更換。

聯經網址｜ www.linkingbooks.com.tw
電子信箱｜ linking@udngroup.com
文聯彩色製版印刷公司印製

ISBN ｜ 978-957-08-5662-0
定價｜ 320 元

國家圖書館出版品預行編目資料

改變世界的非凡人物：曼德拉 / Isabel Thomas 著；
Hannah Warren 繪圖；陳凰姬譯 . -- 初版 . -- 新北市：聯
經 , 2021 年 1 月 . 64 面；14.8X19 公分
譯自：Little guides to great lives : Nelson Mandela.
ISBN 978-957-08-5662-0(精裝)
[2022 年 5 月初版第 2 刷]

1. 曼德拉 (Mandela, Nelson, 1918-2013) 2. 傳記
3. 通俗作品 4. 南非共和國

786.818   109018984

曼德拉

文　伊莎貝爾・湯瑪斯 Isabel Thomas

圖　漢娜・瓦倫 Hannah Warren

譯　陳凰姬

納爾遜・羅利拉拉・曼德拉
1918年-2013年

納爾遜‧曼德拉是南非第一位黑人總統。他一生的故事非比尋常，不僅僅是為個人，更是為一整個國家的自由而戰。

曼德拉出生於一個南非的小村莊，在連綿的山丘與翠綠山谷的環抱下成長，生活自由、無拘無束。

當他慢慢長大，逐漸體會到黑人在南非並沒有得到真正的自由，只有白人擁有投票以及對政府發聲的權力。在當時，以黑人的身分反對政府是一件危險的事，但是曼德拉並不害怕，他決定去改變這個不平等的現象。

曼德拉的父母為他取名為「羅利拉拉」，騰布族語的意義是拉扯樹上的樹枝，也就是「搗蛋鬼」的意思。

葛德拉‧漢瑞‧孟伐肯伊斯瓦
曼德拉的父親，騰布族部落酋長。

羅利拉拉‧曼德拉
出生於1918年7月18日

諾塞凱尼‧法妮
曼德拉的母親

曼德拉的家族地位重要且備受尊崇，但這並不表示他們的生活優裕。他們住在土牆蓋的小屋裡，睡在沒有枕頭的墊子上，用小火坑生火煮飯。

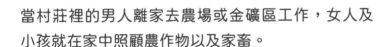

當村莊裡的男人離家去農場或金礦區工作，女人及小孩就在家中照顧農作物以及家畜。

羅利拉拉五歲的時候，便開始幫忙家人畜牧羊群。
空閒的時候，他喜歡和朋友們在鄉間探險……

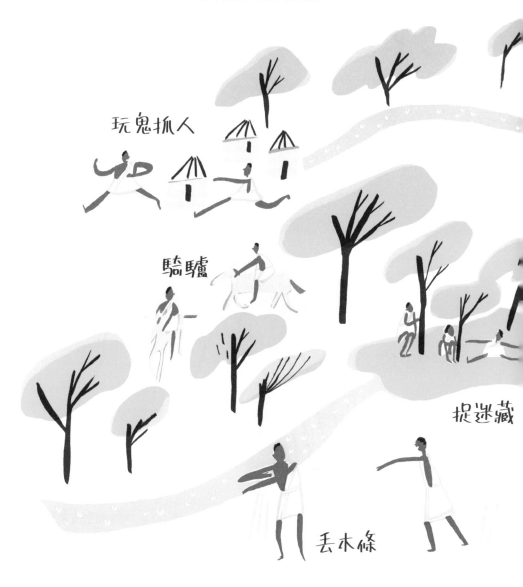

玩鬼抓人

騎驢

捉迷藏

丟木條

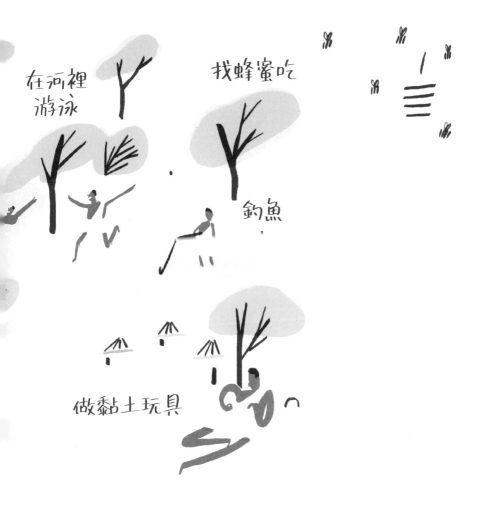

在河裡
游泳

找蜂蜜吃

釣魚

做黏土玩具

丟木條(THINTI)的玩法:

將所有人分成兩隊,準備兩根木條插在間隔三十公尺的地方,作為雙方攻擊的目標。每隊成員拿其他木條丟向對方的目標木條,想辦法將其擊倒。一方面也要防守自己的目標木條,把對方丟來的木條收起來,讓對方無木條可用。

有一天，一位家族的朋友提議送羅利拉拉去學校讀書。羅利拉拉覺得既興奮又驕傲，因為他的家族裡從來沒有人上過學。

這是一所由傳教士經營的學校，教導學生英國思想以及文化。上學的第一天，老師替每個學生取了新的英文名字。

曼德拉從他的家庭教育學到非洲的文化及習俗，媽媽告訴他關於善待他人的寓言故事，爸爸告訴他關於戰爭及勇士的歷史故事。曼德拉也在和朋友一起冒險的過程中學習。

曼德拉的成長過程開心且自由，但是當他剛過十二歲生日，他的父親過世了，曼德拉的生活開始有了轉變。

騰布族的攝政王給曼德拉一個新家，皇室莊園位在姆克海凱澤韋尼的聖地大殿，離曼德拉原本住的村莊不遠，但對曼德拉來說卻是另外一個不同的世界。

曼德拉對每一件事都覺得新鮮和新奇。瓊津叔叔和他的妻子待他如自己的親生兒子，曼德拉與宙斯提斯也像親兄弟般親近。

瓊津塔巴·達林岱波
騰布族的攝政王

瓊津叔叔認為，曼德拉將來一定可以成為優秀的思想家，輔佐騰布族未來的領袖。他將曼德拉送去最好的學校繼續完成學業，曼德拉認真求學且成績優異。

我們替曼德拉起了一個綽號叫「祖父」，因為他看起來總是一臉嚴肅。

留意身邊看到的每件事物，是曼德拉學習的方式。騰布族人經常聚集在聖地大殿討論公共問題，例如旱災及新的法律，曼德拉會仔細觀察族人的聚會。

曼德拉對於未來有著自己的夢想，他希望成為一位口譯員或文員，
這是當時黑人在南非能夠找到的最好的工作。

後來曼德拉進入黑爾堡大學求學，
這是一所南非的菁英黑人學校，他
在這裡認識了他一生的好朋友奧利
弗・坦博。但是，對於成為口譯員或
文員的夢想並沒有維持太久。

大學的第二年，曼德拉力挺由學生發起關於大學食品品質的抗議活動，他和奧利弗因此受到勒令停學的處分。

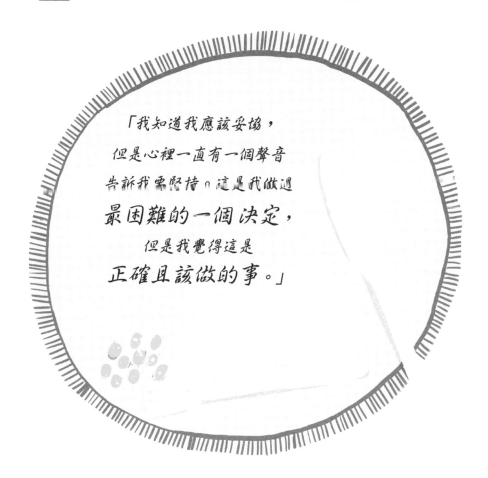

「我知道我應該妥協，但是心裡一直有一個聲音告訴我要堅持。這是我做過最困難的一個決定，但是我覺得這是正確且該做的事。」

沒想到當曼德拉回到姆克海凱澤韋尼，事情變得更棘手。對於被停學的事，瓊津叔叔非常生氣，於是他替曼德拉和宙斯提斯安排了婚事，想讓他們定下心來。他們並不願意，因此偷偷計畫一起逃走。

1941年，曼德拉和宙斯提斯一起逃到了約翰尼斯堡，這是南非最大的城市，又名黃金城。他們希望能在金礦礦區找到工作，開始新的生活。

他們對約翰尼斯堡的第一印象是一個閃閃發亮的迷宮。電力在鄉下地方是奢侈品，曼德拉從沒有在同一個地點看到這麼多電燈。

曼德拉和宙斯提斯在金礦區找到工作，但是很明顯的，礦場老闆都是白人且非常富裕；黑人都是住在棚屋、睡在水泥床、工時很長但薪資很少的礦工。

在礦場工作沒多久，他們就被叫去老闆辦公室，因為瓊津叔叔已經找到他們，並要求礦場老闆立刻將他們遣送回家。

曼德拉想了一個能夠繼續留在約翰尼斯堡的辦法，他決定繼續完成學業，並成為一名律師。

曼德拉的朋友瓦特·西蘇魯幫他找了一份在律師事務所的文書工作。曼德拉白天認真工作，利用晚上的時間努力學習。

瓦特·西蘇魯
房地產商，後來成為非洲民族
議會(ANC)主席。

曼德拉住在亞歷山德拉黑人城鎮，這是一個人口擁擠且極度貧窮的區域，沒有電力及自來水。但這是黑人在南非唯一可以購買自有土地的地方。這裡的自由氛圍讓曼德拉感覺像在家裡一樣自在。

在約翰尼斯堡，曼德拉遇見來自南非各地的黑人和白人，他們都有同樣的願望，希望南非黑人擁有與白人相同的權利。

曼德拉的一些新朋友是非洲民族議會的成員，這個組織希望非白人的非洲人能擁有投票權，不希望被白人政府統治。

曼德拉開始參加會議，並且愈來愈投入，他也希望能夠改變現況。

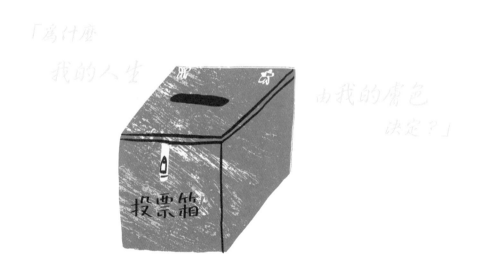

非洲民族議會已經為黑人的自由奮戰三十年，但是情況卻是愈來愈惡化，完全沒有改善。

1944年，曼德拉、瓦特·西蘇魯和奧利弗·坦博成立非洲民族議會青年團，他們希望能夠獲得更多的支持者，並且得到政府的重視。

但四處演講和舉辦集會似乎沒有造成任何改變，因此非洲民族議會青年團計畫上街遊行抗議。

甘地

曼德拉受到甘地很大的影響。甘地在印度發起和平抗爭，以非暴力的方式迫使英國結束對印度的統治。

黑人提出的抗議愈多，白人政府愈難執行統治。1948
年，新上任的政府竟是靠著提出了「白人永遠當家」
的口號而當選。

他們採用一套稱為種族隔離的法律與制度，強迫非洲
白人與非白人要分區居住。

黑人和白人有個別的學校、海灘和教堂，他們搭乘公車、使用飲水機必須隔離，並且使用不同的辦公室和商店入口。黑人和白人不能夠結婚，甚至不能在咖啡店共用一張桌子或一起運動。

如果有黑人破壞這些規則，就被視為違反法律，必須送進監獄。

種族隔離制度引起很大的震撼，也讓曼德拉和他的朋友們下定決心推動反種族隔離的行動。

1952年，非洲民族議會開始提倡「不服從運動」的和平抗爭。他們冒著被關進監獄的風險，在出入郵局、商店和火車時，忽視「白人專用」的標誌。

「不服從運動」在南非各地展開，超過8500人被逮捕，包括曼德拉。他們的做法證明了，他們並不怕為此被送進監獄關幾天。

種族隔離的法律並沒有任何改變，但是數以千計的新成員加入了非洲民族議會，整個組織及行動變得愈來愈強大。

政府禁止曼德拉和非洲民族議會的領袖們參與集會，或進行種族隔離的抗爭。但是曼德拉持續祕密反種族隔離的運動。爭取自由已經是他的生活。

此時，曼德拉已是一名合格律師，並於1952年與奧利弗・坦博成立自己的法律事務所。

這是當時在南非唯一由黑人執業的法律事務所,等候室總是人滿為患。因為在種族隔離制度下,人們太容易觸法,有數以千計的人因為日常生活的各種事情而被控告。

種族隔離制度規定白人與非白人必須住在不同區域，每
個星期都有人來向曼德拉和奧利弗尋求幫助，因為他們
被迫搬離家園。

無論曼德拉和奧利弗是
多麼優秀的律師、無論
非洲民族議會如何推行
不服從運動，依然無法
阻止這些不平等的現象
發生。

1955年開始，許多人被迫搬出索菲亞鎮，
這是在約翰尼斯堡最受黑人喜愛的區域。
他們的住家、公司和學校都被夷為平地，
然後重新建造供白人居住的近郊住宅區。

曼德拉開始認為，非洲民族議會應該採用不同的方法來改變現狀。

在與其他同樣致力爭取改變
的組織合作下，非洲民族議
會黨組成議會聯盟，擬定一
份《自由憲章》，這是為所
有南非人爭取自由與民主的
宣言。

《自由憲章》

我們，南非的人民，白人和黑人，平等的同胞和兄弟，共同接受這份**自由憲章**。

我們宣誓，將盡我們所有的力量和勇氣，共同奮鬥，直到贏得民主。

1.人民應該是國家的主人。

2.一切民族團體應該有平等的權力。

3.人民創造了國家財富，人民就應分享國家財富。

4.土地應該為耕者所共有，非壟斷在少數人手裡。

5.法律面前人人平等，人人都受法律的保護。

6.全體人民都享有平等人權。

7.人民必須有工作的權利，享有安全保障。

8.學習和文化的大門必須對所有人開放。

9.每個人必須有安全和舒適的住房。

10.全體人民應該和平相處與建立友誼。

政府當局並不認同自由憲章，1956年12月5日的清晨，曼德拉聽到很大的敲門聲。曼德拉、奧利弗、瓦特，和其他153位議會聯盟及非洲民族議會的領袖們，因被控計畫用暴力推翻政府的「叛國罪」罪名，遭逮捕入獄。

超過四年的審訊，<u>檢察官</u>無法證明<u>被告</u>們有意使用暴力
推翻政府，於是在1961年，所有人獲判無罪。

但是在審訊期間，發生了可怕的事情。

新聞快報

反通行證示威遊行 導致流血事件

**暴動中
69人死亡、
180人受傷**

1960年3月21日，超過5000人集結在一個名為「沙佩維爾」的黑人小鎮火車站進行反抗運動，抗議法律規定黑人只要離開住家，必須隨身攜帶通行證，否則將被罰拘役三十天。這些抗爭者將通行證放在家裡，雖然他們有丟擲石頭，但身上並沒有攜帶槍枝，警方卻從裝甲車上向群眾開火，造成六十九名示威者死亡。

全世界開始譴責南非的種族隔離制度，但是政府及警察並不認為自己有錯，反而怪罪非洲民族議會引起這些傷亡，進而取締整個組織。

司機

園丁

曼德拉和非洲民族議會並沒有因此放棄。曼德拉開始躲藏
且成為喬裝高手，報紙稱他為「黑花俠」，就像著名冒險
小說中的角色，非常善於躲避追捕。

留著絡腮鬍
的普通男人

廚師

非洲民族議會認為，除了換個方式奮力為自由而戰，已別無選擇。於是，曼德拉寫了一封信給報社：

我不會離開南非、也絕不投降，只有透過吃苦受難、犧牲和武裝行動，才能獲得自由。這些掙扎的過程就是我的生活，我會一直奮戰到生命的終點。

曼德拉協助非洲民族議會成立一個祕密的武裝組織——「民族之矛」，也拜訪其他國家尋求協助，同時訓練自己成為一名軍人。

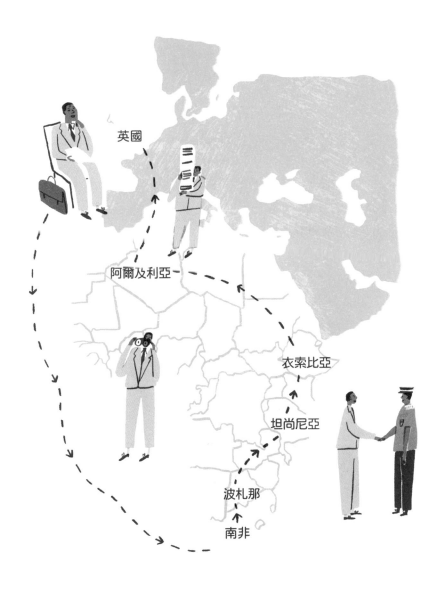

英國

阿爾及利亞

衣索比亞

坦尚尼亞

波札那

南非

曼德拉於1962年持假護照、使用假名回到南非，但即使他變了裝扮，在回國沒多久，仍然被逮捕了。

曼德拉和其他七人，包含瓦特，被指控共謀破壞，並意圖使用武力推翻政府，警察還在「民族之矛」的總部發現武器。

一旦被認定有罪，他們將面臨死刑的判決。

審訊於1963年10月展開。1964年，曼德拉在法庭上為自己辯護，他進行了一場長達四個小時的著名演說。他承認一些控訴，但也解釋他為什麼會做這些事。

最終，曼德拉和其他七人的指控罪名成立，被判終身監禁而不是死刑。

當時，曼德拉四十六歲。

曼德拉被送到位在羅本島上，
南非安全警戒最嚴密的監獄。

他被關押在狹小的牢房裡，裡
面放了一張草墊給他睡覺，一
個尿桶讓他方便。日復一日緘
默的在礦場做工，負責用鐵鎚
把大石頭敲成碎石。

每天做著同樣的工作，
時間似乎從此靜止了。

為了不讓自己忘記時間的
流逝，曼德拉開始在牆上
畫上記號、當作日曆。

從服刑一開始，曼德拉每一年只允許一次探視，每六個月一封書信來往，但所有書信都會經過嚴格審查。每次收到信，只要有新聞，都會被塗黑或剪掉。囚犯不能收聽廣播和閱讀報紙，因此他們對外界發生的事一無所知。

在監獄過了五年之後，曼德拉收到一封電報，得知他的
大兒子在一場車禍中死亡。

當曼德拉開始服刑時，他和非洲民族議會都認為，南非的政治生態很快會有所改變，囚犯在一年或兩年之內將會獲得釋放。

但是曼德拉在羅本島上待了十八年。

在監獄裡面，曼德拉也為囚犯
爭取權利，囚犯的生活因此獲
得改善。他終於被允許在園區
種植番茄、辣椒和洋蔥。這個
小小的植物區，讓他淺嚐了自
由的感覺。

在監獄外面，爭取自由的行動持續進行。奧利弗‧坦博在海外領導著非洲民族議會，世界各地的國家也開始對南非政府施壓及抗議。1980年，非洲民族議會發起了新的運動。

1982年，曼德拉和瓦特一起被轉移到波爾斯穆爾監
獄，曼德拉在監獄屋頂建立一個菜園。

1988年，南非政府開始改變種族隔離制度中的一些法
條，也開始認真的和曼德拉討論停止抗爭，一起為和平
努力。

1989年12月，曼德拉和新任南非總統弗雷德里克‧威廉‧戴克拉克會面，談論關於新的南非共和國。一個月後，戴克拉克總統廢止了對非洲民族議會的禁令，此舉代表著，曼德拉和其他的政治犯，很快將獲得釋放。

經過二十七年，曼德拉總算於1990年2月
11日離開監獄，這時他已經七十一歲。

曼德拉擁抱著他的
妻子、孩子和孫
子。超過一萬天在
監獄的日子，終於
結束。

「當我在群眾之中，
我的右手握拳高舉，
贏得一陣歡呼。

二十七年來
我都無法這麼做，
這帶給我無比的
力量和快樂。」

曼德拉感謝來自世界各地歡慶他被釋放的每一個人，他希望所有南非人都能一起為和平努力。

1991年，曼德拉成為非洲民族議會
的主席，他代表政黨和戴克拉克總統進行
對談，希望廢止種族隔離制度，讓南非共和國成
為一個真正的民主國家。

「如果你想和你的敵人和平共處，
你必須和你的敵人合作，
讓他變成你的夥伴。」

政府廢除了最後幾項種族隔離法條。1993
年，戴克拉克總統和曼德拉雙雙榮獲
諾貝爾和平獎。

但是，曼德拉的工作尚未結束。
1994年4月27日，上百萬的南非黑人
第一次擁有投票權。

非洲民族議會贏得勝選，納爾遜·曼德拉成
為南非第一位，由「全體」南非國民推
選出來的南非總統。

這是曼德拉走向自由這條漫漫長路的終點，也是建立新南非共和國旅程的起點。曼德拉當了五年總統，致力於改善居住環境、學校教育，以及南非黑人的生活，期望每一個人都是平等的。

曼德拉於2013年12月5日去世，享年九十五歲。他的故事啟發了世界各地的人。他是一個平凡的人，一個學習對抗自己的恐懼、去做他認為對的事情、失敗後依舊每次都爬起來繼續走下去的人。

每一年的7月18日，人們慶祝著「曼德拉日」，他們提供自己的六十七分鐘去幫助別人，以此紀念曼德拉奉獻六十七年為自由而戰。

你想怎麼付出這六十七分鐘？

「幫助別人的生活帶來好的改變和影響，
往見我們活著的意義。」

1918

羅利拉拉‧曼德拉於1918年7月18日在南非出生。

1925

羅利拉拉進入一所由傳教士經營的小學就讀，老師在第一天替他取了一個英文名字——納爾遜。

1930

曼德拉的父親過世，他被送至騰布族的攝政王——瓊津塔巴‧達林岱波的身邊，接受照顧。

1942

曼德拉開始加入非洲民族議會（ANC）並參與會議，這是一個為爭取社會平等的組織。同年，曼德拉完成大學學業。

1943

曼德拉進入金山大學學習法律。

1944

曼德拉、瓦特‧西蘇魯和奧利弗‧坦博成立非洲民族議會青年團。同年，曼德拉與伊芙琳‧梅斯結婚，他們有四個孩子。

1956

曼德拉、奧利弗、瓦特和其他153位議會聯盟及ANC領袖們，因叛國罪被逮捕入獄。

1958

曼德拉與伊芙琳‧梅斯離婚，和維尼‧馬蒂奎茲拉結婚，他們有兩個孩子。

1960

3月21日在沙佩維爾的反通行證運動，警方開槍，造成69名群眾死亡。ANC遭到禁制，迫使整個組織開始躲藏，只能祕密行動。

1964

曼德拉被判終身監禁，被送至位在羅本島上南非安全警戒最嚴密的監獄。

1969

曼德拉的兒子桑貝基勒死於一場車禍。

1982

曼德拉和瓦特一起被轉移到波爾斯穆爾監獄，曼德拉在監獄屋頂建立一個菜園。

1993

曼德拉榮獲諾貝爾和平獎。

1994

上百萬的南非黑人第一次擁有投票權，納爾遜‧曼德拉成為南非第一位，由全體南非國民推選出來的南非總統。

2013

納爾遜‧曼德拉於12月5日去世，享年九十五歲。

曼德拉進入黑爾堡
大學求學。

曼德拉和奧利弗‧坦博因參加學
生抗議行動被勒令停學。

曼德拉決定成為一名律
師，在約翰尼斯堡找
了一份在律師事務所
的文書工作，並進入南非大學
繼續學業。

南非國民黨執政堅持實施種族隔
離制度，強迫非洲白人與非白人
分區居住。

不服從運動開始。同年，曼德拉
與奧利弗‧坦博成立自己的法律
事務所，這是當時在南非唯一由
黑人執業的法律事務所。

非洲民族議會和其他爭取改變的
組織合作下，組成議會聯盟，擬
定《自由憲章》，為所有南非人
爭取自由與民主的宣言。

經過長時間的審訊，議會聯盟及
非洲民族議會領袖獲判無罪。同
年，曼德拉協助成立一個對抗種
族隔離制度的祕密軍隊──「民族
之矛」。

在拜訪許多國家尋求
協助他們的祕密組織
後，曼德拉喬裝回到南
非，隨即和其他七人因叛國罪
被捕入獄。

審訊開始

南非政府開始認真的和曼德拉討
論，一起為和平努力。

新南非總統弗雷德里克‧威廉‧
戴克拉克廢止了對非洲民族議會
的禁令，並於2月11日釋放曼德
拉。

曼德拉成為非洲民族議會的主
席，持續努力爭取廢止種族隔離
制度。

納爾遜‧曼德拉

納爾遜‧曼德拉依然是人們面對
不公平對待時，一股強而有力的
啟發力量。

小辭典 ＊依內文出現順序排列

騰布族
曼德拉和他的家族所屬的南非氏族。騰布族人有自己的文化和傳統，使用班圖語。

傳教士
宗教團體的成員，經常被派往其他國家去傳播他們的宗教信仰。

抗議
當對某些事情（通常是法律或領導人）不滿時，希望藉此帶來改變。

非洲民族議會(ANC)
1912年成立的政黨組織，為爭取黑人及不同族群的非洲人的投票權。該組織於1960年到1990年被政府禁止集會，於是轉為地下活動，繼續進行多年。1991年，曼德拉被推選為主席。

黑人城鎮
在種族隔離期間只允許南非黑人居住的郊區或城鎮。鄉鎮通常位於城市之外，並不享有白人居住城鎮和定居地的福利。

權利
擁有或做某事的道德或法律自由，例如投票權，獲得乾淨飲用水的權利。

非洲民族議會青年團
由曼德拉、瓦特‧西蘇魯和奧利弗‧坦博於1944年成立，號召更多年輕人加入非洲民族議會，支持對抗種族不平等。

種族隔離
1948年，南非在國民黨執政時實行的法律與制度，強迫非洲白人與非白人分區居住。直到1991年，南非總統弗雷德里克‧威廉‧戴克拉克才逐步廢除此制度。

不服從運動
1952年，由非洲民族議會提倡的和平抗爭運動，他們冒著被關進監獄的風險，忽視「白人專用」的標誌，出入郵局、商店和火車。雖然該抗爭運動最終並沒有成功，卻顯示人民對抗種族隔離制度的決心，以及對非洲民族議會與日俱增的支持。

議會聯盟
一群政黨於1950年間共同合作為創造更公平的社會而組成的聯盟，他們認為透過彼此合作，更有機會達成共同目標。議會聯盟於1955年發布《自由憲章》。

自由憲章

議會聯盟於1955年制定的一份文件，概述了他們希望南非成為的國家類型。成千上萬的南非人通過致函大會幫助制定憲章，概述了他們希望所有南非人能夠擁有的自由。

叛國罪

通過計畫使用暴力來擺脫領導者或政府，來背叛你的國家。

檢察官

在法庭案件中的律師，必須證明被告是有罪的。

被告

被指控犯罪的人，其有罪或無罪會由法庭裁定。

通行證

在種族隔離期間給予所有南非黑人的文件，其中說明他們有權居住、工作和旅行的地方。只要他們離開住家，無論到任何地方，黑人都必需須隨身攜帶通行證，否則將會有遭拘禁三十天的風險。

民族之矛

非洲民族議會的祕密軍隊，由曼德拉於1961年成立，目的在對抗種族隔離制度。因為政府對於和平抗議活動毫無回應，該行動愈趨明顯、強烈。

破壞

有目的地試圖削弱或阻止某些事情。你可以破壞一個實質物體或抽象的東西，例如政府。

統治

擁有權力，或對某人或某事擁有控制權。

諾貝爾和平獎

每年頒發的一系列獎項，獎勵在科學、醫學和文學等領域的傑出工作成果。該獎項於1895年由瑞典發明家阿弗烈‧諾貝爾創立。

伊莎貝爾‧湯瑪斯 Isabel Thomas

科普童書作家，以人物、科學、自然等為主要創作題材。作品曾入選英國科學教育協會年度最佳書籍、英國皇家協會青少年圖書獎與藍彼得圖書獎等。

漢娜‧瓦倫 Hannah Warren

自由插畫家。畢業於英國皇家藝術學院，創作風格以線條俐落、用色大膽並帶有六〇年代復古特色著稱。曾與知名女性時尚與文化雜誌《Stella》和各大出版社合作。目前定居倫敦。

陳凰姬

畢業於臺南師範學院、美國印第安那大學，目前任教於臺北市永安國小。喜歡閱讀，喜歡電影，喜歡將文字和影音帶來的感動，分享傳達給學生。